La franca palanca

Julie Murray

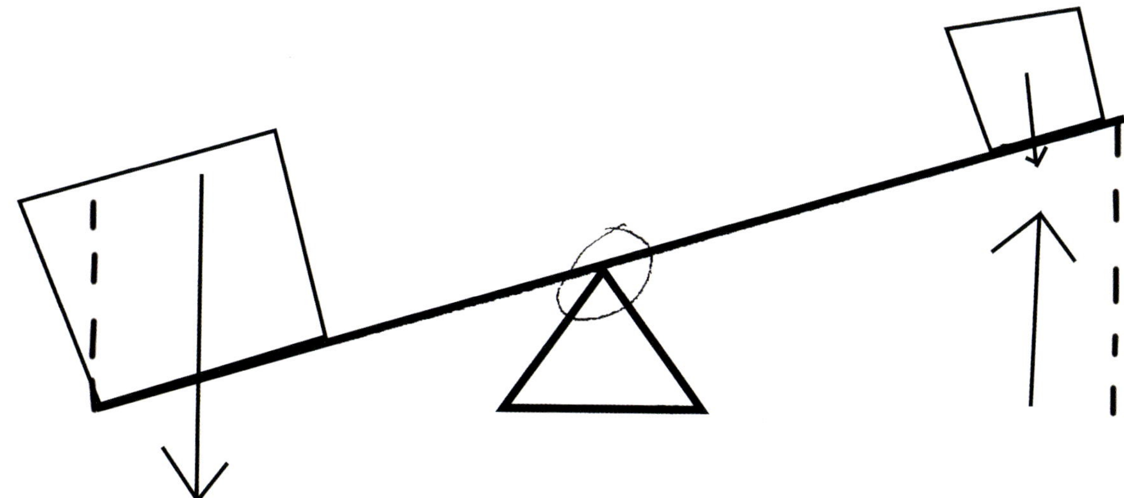

Abdo Kids Junior es una subdivisión de Abdo Kids
abdobooks.com

abdobooks.com

Published by Abdo Kids, a division of ABDO, P.O. Box 398166, Minneapolis, Minnesota 55439.

Printed in China

052025

092025

Spanish Translator: Maria Puchol

Photo Credits: Alamy, Getty Images, Shutterstock

Production Contributors: Teddy Borth, Jennie Forsberg, Grace Hansen

Design Contributors: Candice Keimig, Pakou Moua

Library of Congress Control Number: 2024949659

Publisher's Cataloging-in-Publication Data

Names: Murray, Julie, author.

Title: La franca palanca/ by Julie Murray

Other title: The lovable lever. Spanish

Description: Minneapolis, Minnesota: Abdo Kids, 2026. | Series: Máquinas simples | Includes online resources and index

Identifiers: ISBN 9798384906483 (lib.bdg.) | ISBN 9798384907046 (ebook)

Subjects: LCSH: Simple machines--Juvenile literature. | Levers--Juvenile literature. | Hinges--Juvenile literature. | Machinery--Juvenile literature. | Hand tools--Juvenile literature. | Spanish language materials--Juvenile literature.

Classification: DDC 621.8--dc23

Contenido

La franca palanca . . .4

Palancas por todas partes. 22

Glosario 23

Índice. 24

Código Abdo Kids . . .24

La franca palanca

Una palanca es una
máquina simple.

Se usa para mover o subir una **carga**.

Todas las partes de la palanca funcionan en conjunto.

La **carga** está en un extremo. Es lo que tiene que transportarse.

fuerza
carga

La **carga** está sobre una barra. Esta barra eleva la carga.

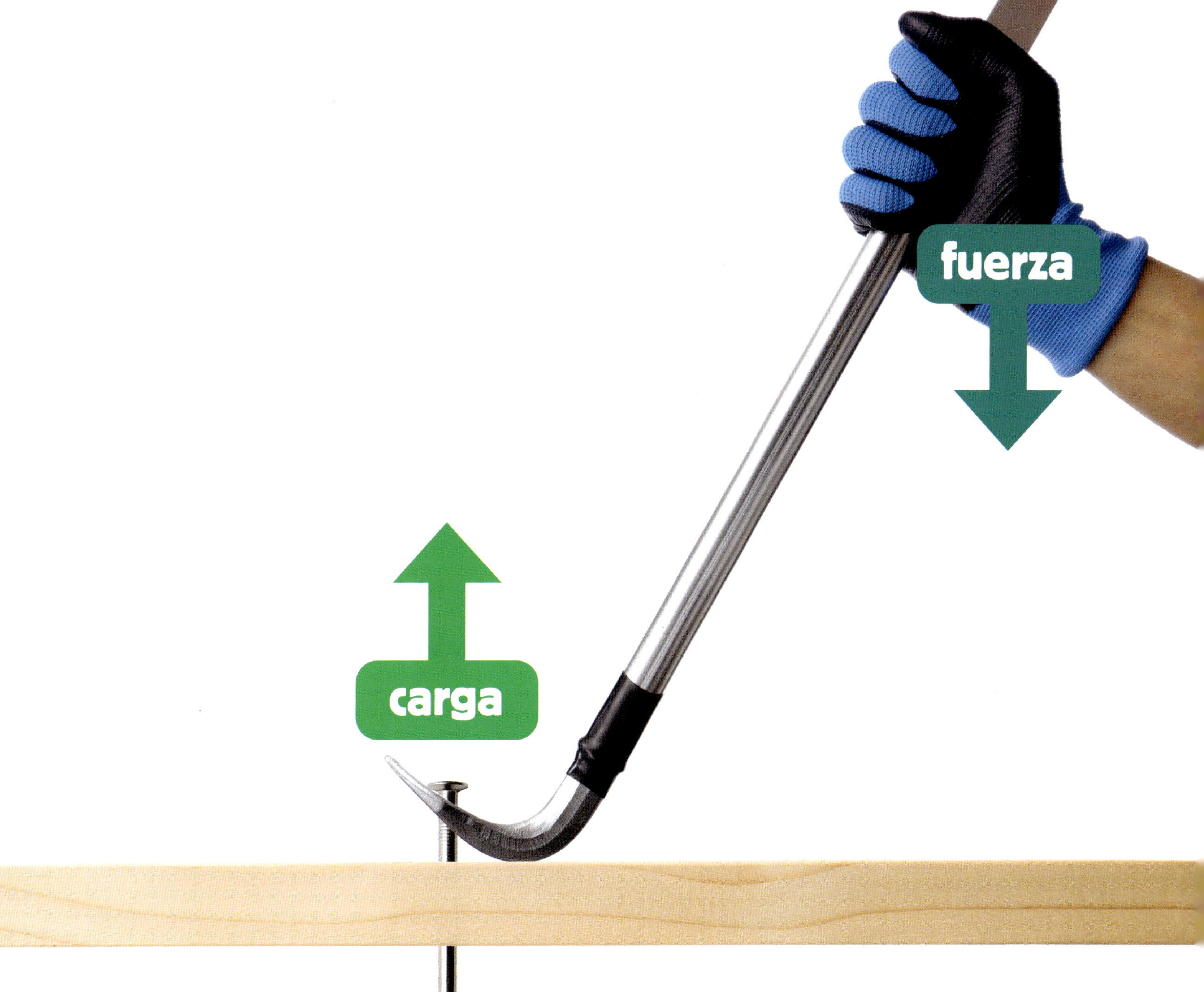
fuerza
carga

El **eje** sujeta la barra.

carga
eje
fuerza

Se necesita **fuerza**. La fuerza se ejerce en el extremo contrario de la carga.

fuerza
eje
carga
fuerza

Al ejercer **fuerza** se mueve la **carga**.

fuerza
carga
eje

Una **carga** se mueve muy fácilmente con una palanca.

carga
eje
fuerza

Palancas por todas partes

bate de béisbol

escoba

palanca con cuña

palillos chinos

Glosario

carga
cantidad de algo que transportar.

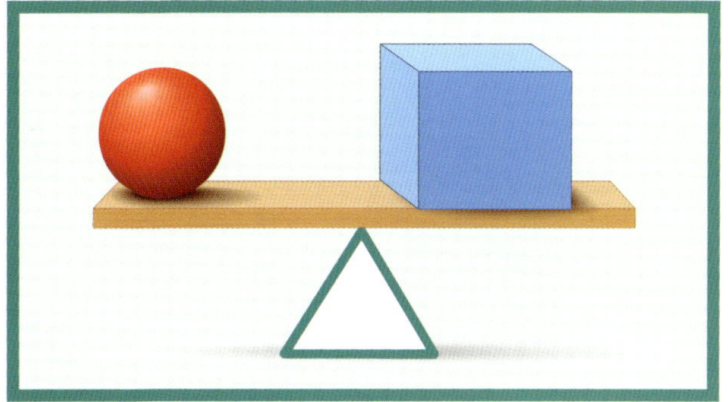

eje
punto de apoyo sobre el que una palanca se mueve.

fuerza
potencia, energía, resistencia física.

Índice

barra 12, 14, 16

carga 6, 10, 12, 18, 20

eje 14

fuerza 16, 18

partes 8, 14, 16

usos 6, 20

¡Visita nuestra página **abdokids.com** y usa este código para tener acceso a juegos, manualidades, videos y mucho más!

Los recursos de internet están en inglés.

Usa este código Abdo Kids

STK0603

¡o escanea este código QR!